¿QUÉ ME ESTÁ PASANDO?

Micaela Tapsell
Ilustraciones: Camille Ferrari

Diseño: Neil Francis

ASESORAMIENTO EXPERTO:
Laura Clarke, educadora sexual
Dra. Anna Forringer-Beal, investigadora de estudios de género
Dra. Caitríona Cox, médica

SUMARIO

ME HAGO MAYOR

Desde que naciste, has ido creciendo poco a poco. Sin embargo, llegará un momento en que empezarás a cambiar mucho. En este libro se habla de ese periodo en que dejarás de ser una niña para convertirte en una persona adulta.

Puede que ya hayas notado algunos cambios, aunque igual aún no ha aparecido ninguno. Estos cambios no se producen en todas las niñas a la misma edad y no hay forma de saber cuándo van a comenzar en tu caso. De todos modos, gracias a este libro te harás una idea de lo que te va a pasar.

Esta nueva etapa se llama "pubertad" y es la forma que tiene tu cuerpo de prepararte para la edad adulta. Hay chicas que tienen muchas ganas de hacerse mayores y otras que no tanto. No debes preocuparte; como todos los cambios son tan graduales, tendrás tiempo de ir acostumbrándote.

¿CUÁNDO EMPIEZA LA PUBERTAD?

Se suele decir que los cambios comienzan alrededor de los diez años, aunque algunas niñas los experimentan antes y otras, más tarde. En realidad, empezarás a hacerte mayor cuando tu cuerpo esté listo; ni antes, ni después.

PREPARADA...

En primer lugar es necesario acumular un poco de grasa. El cuerpo la necesita como reserva energética para sobrellevar los cambios que se avecinan.

Aunque tengáis la misma edad, tus amigas y tú no tenéis por qué crecer al mismo tiempo. Puede que una se desarrolle por completo antes de que la otra experimente los primeros cambios.

El ritmo de crecimiento y desarrollo es algo impredecible, pero tarde o temprano todos atravesamos esta importante fase de cambio. Tengas la edad que tengas, una vez entres en la pubertad, seguirás cambiando hasta que te hagas mayor.

LISTA... ¡YA!

Estos son algunos de los cambios que suelen suceder cuando el cuerpo de una chica empieza a desarrollarse, para que te hagas una idea. Puede que no reconozcas algunas de estas palabras, pero no te preocupes, porque las explicaremos más adelante.

Te sale vello en el pubis.

Te sale vello en las axilas.

Sudas más.

Se te alarga la cara.

Aumentas de peso al crecer a lo alto y a lo ancho.

El pelo y la piel podrían volverse más grasos.

Empiezas a tener la regla.

Te empiezan a crecer las mamas.

Se te desarrollan los órganos sexuales.

Desde que suceden los primeros cambios hasta tener la primera regla pueden transcurrir hasta tres años y medio, y después aún seguirás creciendo durante años.
En algún momento de este periodo de tiempo, empezarás a sentirte distinta, pero al final seguirás siendo la misma de siempre, aunque en versión más adulta.

Yo, con cinco años

A LO ALTO Y A LO ANCHO

Cuando notes que la gente empieza a comentar lo mucho que has crecido, es probable que pronto sucedan otros cambios y que comiences a ensancharte también. Aunque haya chicas en las que estos grandes estirones se ven con claridad, no tiene por qué ser así; mucha gente crece poco a poco.

¡Oye! De puntillas es trampa.

LOS ESTIRONES

Las chicas suelen crecer más rápido alrededor de los once años y medio, aunque puede que en tu caso suceda antes o después de esa edad. La mayoría deja prácticamente de crecer a los quince años.

Si das un estirón con menos edad, lo más probable es que dejes de crecer antes. Y al revés: si empiezas a crecer más tarde, puedes alcanzar la misma altura que las otras chicas de tu edad, o incluso llegar a ser más alta.

LAS CADERAS Y LOS HOMBROS

Los huesos de la pelvis se ensanchan durante la pubertad y, por consiguiente, también lo hacen las caderas. Asimismo puede que notes se te ensanchan los hombros.

MUSCULITOS

Todos los músculos aumentan de tamaño durante la pubertad, incluidos los del corazón y los pulmones. La laringe, dentro del cuello, también se agranda y ensancha; por eso la voz se vuelve más grave cuando te haces mayor.

RAZONES DE PESO

Entre los nueve y los dieciocho años, ganarás peso hasta llegar incluso a duplicarlo: aumentan la grasa, la masa muscular y el tamaño de los huesos y de órganos como el estómago o el hígado. Los cuerpos femeninos suelen acumular más grasa que los masculinos, pero es normal que todo el mundo aumente de peso en la pubertad.

PELOS Y MÁS PELOS

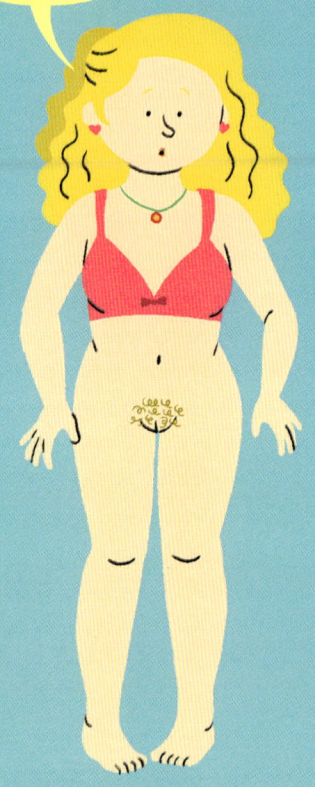

¡Me ha salido pelo!

Durante la pubertad verás que te sale pelo en zonas donde antes no tenías. Es algo natural que le pasa a todo el mundo.

EN EL PUBIS

Puede que te salga vello púbico alrededor de los genitales, en la parte baja de la barriga y entre las nalgas. A medida que crezca se irá rizando y puede que sea de un color distinto al del cabello. Hay gente que se lo recorta, afeita o depila, pero también quien prefiere dejarlo tal como está.

EN LAS AXILAS

Más o menos un año después de que te crezca el vello púbico, verás que te empieza a salir vello también en las axilas. Hay quien que se lo deja y quien que se lo quita, afeitándose, usando cremas depilatorias o haciéndose la cera. Si te afeitas y la piel se te irrita después, puede que la cuchilla ya no corte bien o que seas sensible a la espuma que has usado.

EN LAS PIERNAS

También es normal que te crezca algo
más de vello en las piernas. Los humanos
estamos emparentados con los simios,
por eso somos tan peludos. El vello es
algo perfectamente limpio y natural,
de modo que tú eliges si te
lo quitas o no. Si te afeitas,
pasa la maquinilla despacio
hacia arriba. Pero recuerda:
no es necesario. Hay gente
que no se lo quita; tú eliges.

Afeitarse las piernas
está muy anticuado.

EL DESODORANTE

Mucha gente se pone desodorante en las axilas por la mañana
para que no le huelan al sudar. Los antitranspirantes son un tipo
de desodorante que impiden que sudes mucho. Conviene usar
desodorante, sobre todo si vas a hacer ejercicio, aunque no es
obligatorio. En cualquier caso, recuerda
que no hay nada como una buena ducha
para que desaparezcan los olores.

¡Miau!

LAS MAMAS

¡Tíramelo aquí!

En la pubertad empiezan a crecer las mamas, o pechos. Puede que te notes un bulto detrás del pezón, el llamado botón mamario, que indica que pronto te crecerán las mamas. A cada cual se le desarrollan a su propio ritmo, y puede que sigan creciendo hasta cumplidos los diecisiete años.

MOLESTIAS

Cuando las mamas comienzan a crecer, puede que sientas algo de dolor, cosquilleos o picores en la zona, pero pronto se pasarán. También es posible que un pecho crezca más rápido que el otro. No te preocupes, porque al final acabarán de un tamaño similar, aunque nadie tiene los pechos del todo simétricos. Las mamas cambian también durante la edad adulta: aumentan o disminuyen de tamaño, y pueden sentirse más o menos sensibles según el día.

¡LA LECHE!

Las mamas producen leche, pero solo después de dar a luz. Sale por unos conductos que hay en los pezones y que son tan diminutos que ni se ven.

Para proteger las partes que producen la leche, las mamas se componen sobre todo de grasa.

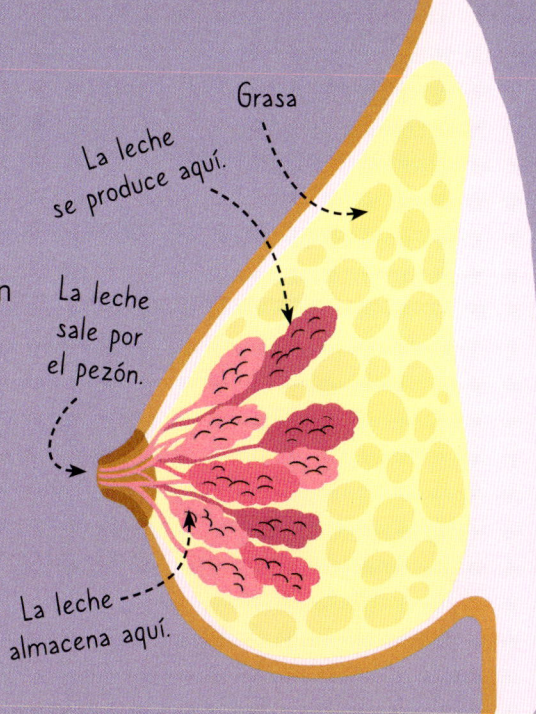

Grasa

La leche se produce aquí.

La leche sale por el pezón.

La leche se almacena aquí.

Hay mamas y pezones de muchas formas y tamaños, y todos son normales.

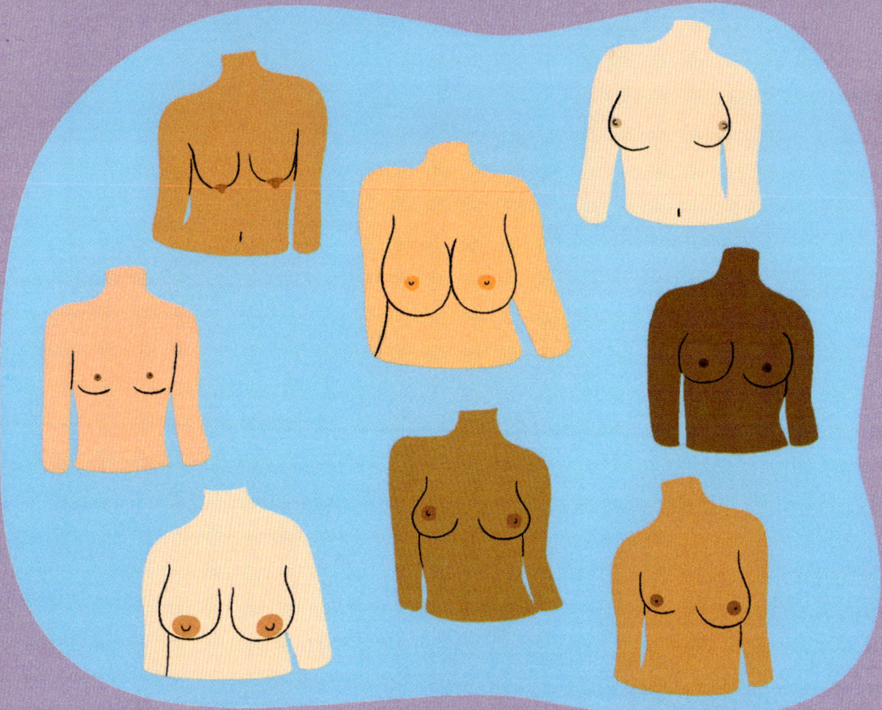

¿ME PONGO SUJETADOR?

Hay gente que se pone sujetador para sostenerse los pechos. Tú decides si quieres usarlo o no. Existen sujetadores para todos los tamaños de pecho.

LA TALLA CORRECTA

La única manera de encontrar un sujetador que te quede bien es probarte varias tallas hasta dar con la tuya. El sujetador debe quedarte ajustado a las costillas, para que no se te suba, y sostener los pechos sin aplastarlos. Puede que tengas que ajustar el largo de los tirantes para que te sea más cómodo.

¿Y SI ME QUEDA MAL?

Hay varias formas de comprobar que el sujetador sea de la talla correcta. Si se te cae, se arruga por delante o se te desabrocha solo, probablemente te quede grande. Si se te sube por atrás, se te clava por delante, o hace que los pechos se salgan por los lados, probablemente te quede pequeño. En algunas tiendas, te ayudan a elegir la talla y el modelo.

¿O debería ponerme este otro?

MODELOS DE SUJETADOR

Los sujetadores de camiseta para niñas son cómodos y suaves, y suelen cubrir completamente los pechos.

DESMONTABLES

Tiene tirantes ajustables que te permiten llevar varios tipos de camiseta sin que se vea el sujetador.

DEPORTIVO

Sostiene bien los pechos y te mantiene fresquita mientras haces ejercicio.

CON AROS

Da más sostén a pechos más grandes.

DE CAMISETA

Es muy cómodo y parece invisible bajo la camiseta, sin bordados ni costuras.

CON CIERRE DELANTERO

Se cierra por delante, entre los pechos, así que es más fácil ponérselo.

¡Mi primer sujetador!

CAMBIOS POR FUERA

En la pubertad se producen grandes cambios en los órganos sexuales, incluidos los genitales. La gente a veces evita hablar de esta parte del cuerpo, o emplea palabras peculiares para describirla. Estos son los nombres correctos de estas partes:

LA VULVA

Los genitales femeninos externos se llaman *vulva* y se componen de varias partes. La vulva tiene dos pliegues gruesos de piel, llamados labios mayores, y, más hacia el interior, otros dos más pequeños, llamados labios menores, que son sensibles al tacto.

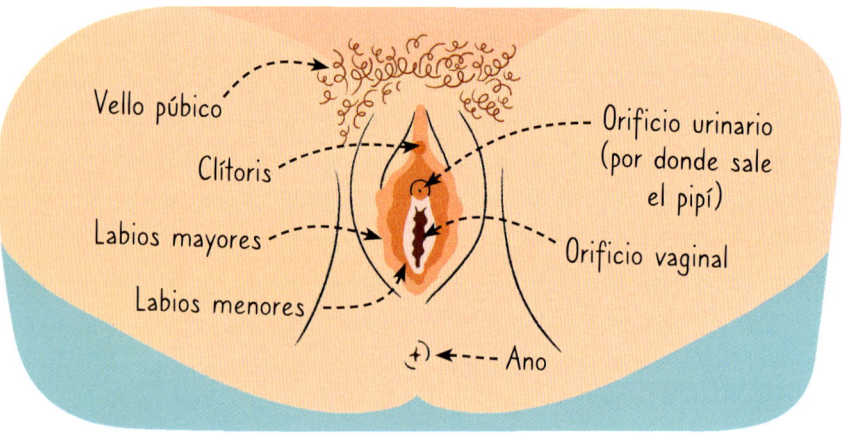

Delante, en el punto donde convergen los labios menores, tienes un bulto con forma de guisante, la cabeza del llamado clítoris, otra parte muy sensible al tacto.

La vagina es un conducto que hay dentro del cuerpo. El orificio vaginal se estira y suele estar cubierto de una membrana de piel muy fina, el himen, que va desgastándose con el tiempo.

OTRAS PARTES CERCANAS

El agujerito por donde sale
el pipí se llama orificio urinario
y se encuentra un poco más
atrás del clítoris. El ano, por
donde sale la caca, tampoco
forma parte de la vulva,
aunque esté muy cerca.

¡Ah, vale!
¡Ese agujero
era eso!

LO MISMO, PERO DIFERENTE

La vulva y el vello púbico de cada persona son muy diferentes;
los hay de todas las formas y todos los tamaños. Si quieres
ver cómo son los tuyos, mírate en un espejo.

15

CAMBIOS POR DENTRO

Dentro del cuerpo también
tienes órganos sexuales que
cambiarán a medida que creces,
aunque no lo notes enseguida.

¿DÓNDE ESTÁN?

Tus órganos sexuales internos
están situados en la parte baja
de la barriga, detrás de la vejiga,
que es el órgano donde se acumula
el pipí. Los huesos de la pelvis
los protegen.

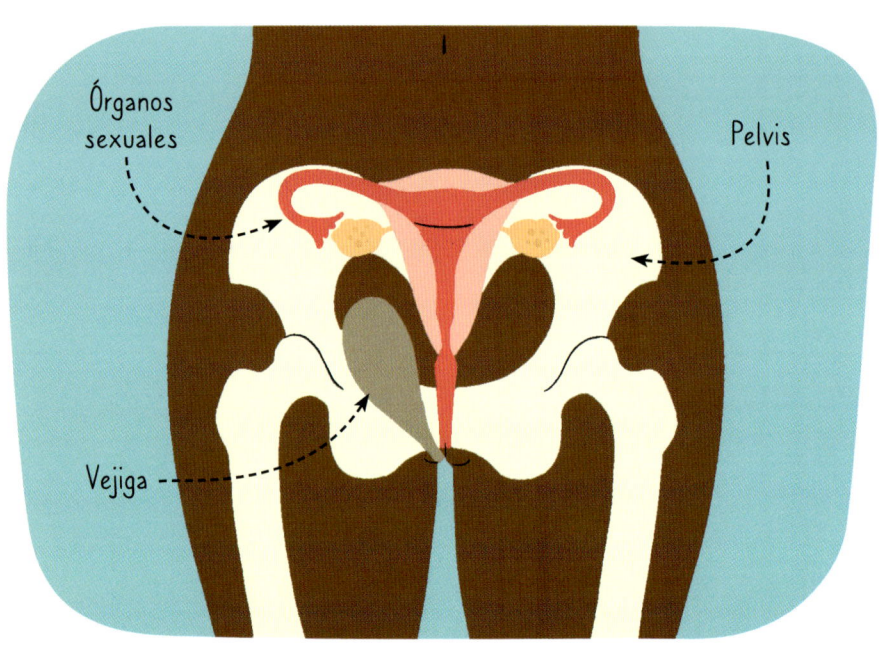

¿QUÉ HAY DENTRO?

Tienes dos ovarios, dos trompas de Falopio, un útero,
un cuello del útero y una vagina.

Los conductos de
las trompas de Falopio
son tan finos como
la mina de un lápiz.

En los ovarios almacenas los óvulos.
Cuando están desarrollados por completo,
los ovarios parecen nueces, tanto
en la forma como en el tamaño.

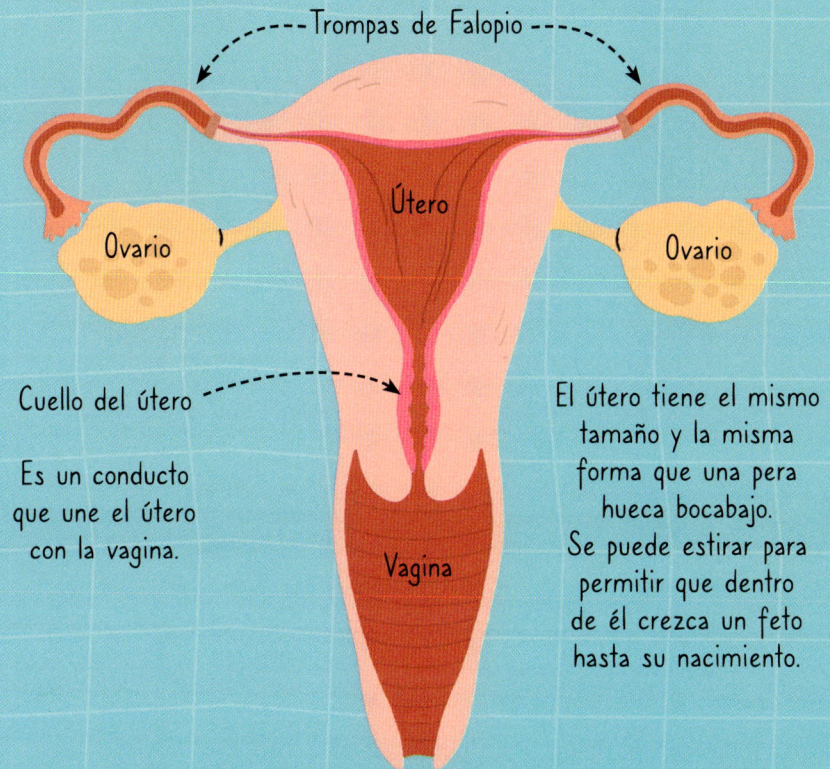

Trompas de Falopio

Útero

Ovario

Ovario

Cuello del útero

Es un conducto
que une el útero
con la vagina.

El útero tiene el mismo
tamaño y la misma
forma que una pera
hueca bocabajo.
Se puede estirar para
permitir que dentro
de él crezca un feto
hasta su nacimiento.

Vagina

La vagina es un tubo de unos diez centímetros de longitud
con paredes muy flexibles que conduce al exterior del cuerpo.
A diario, un poco de líquido blanquecino, llamado flujo vaginal,
sale de la vagina para limpiarla. Una vez al mes, más o menos,
te saldrá sangre de la vagina. Se trata de la regla o menstruación,
de la que hablaremos en las próximas páginas.

¿QUÉ ES LA REGLA?

El mayor cambio de la pubertad se produce con la aparición de la regla, o menstruación, cuando te sale sangre de la vagina durante unos días cada mes.

LOS EMBARAZOS

Cada mes, el útero se recubre de una capa mucosa con vasos sanguíneos, llamada endometrio, que posibilita que un feto pueda implantarse y desarrollarse. Cuando no ha habido embarazo, la capa se desprende y desintegra, y sale por la vagina en forma de regla.

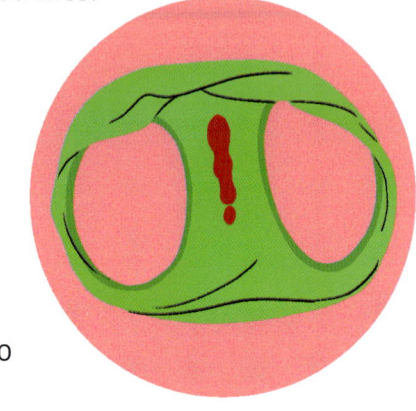

La gente suele darse cuenta de que le ha venido la regla al ir al baño.

¿Cuándo tendré la regla?

A mí me vino con doce años.

LA PRIMERA REGLA

Dispones de un par de pistas sobre el momento en que puede que empieces a menstruar. Suele ser dos años y medio después de que te empiecen a crecer las mamas. Además, los meses anteriores a la primera regla, puede que tu flujo vaginal sea más abundante. La menstruación suele aparecer entre los 10 y los 15 años, pero no siempre es ese el caso.

¿LIGERA O ABUNDANTE?

Durante la regla, se expulsan entre 2 y 6 cucharadas de sangre, si bien la cantidad varía según la persona. Puede que tu flujo menstrual sea ligero y sangres poco, o que sea abundante y sangres mucho. Ambos casos son normales.

Lo habitual es que la regla sea más copiosa los primeros días. La sangre menstrual puede ser de colores diferentes, desde muy roja al principio hasta marrón hacia el final de la regla. Con el tiempo, irás conociendo mejor tu cuerpo y sabrás qué es lo normal en ti.

CICLOS REGULARES E IRREGULARES

La menstruación suele presentarse alrededor de la misma fecha cada mes. Si sucede así, entonces tienes un ciclo regular. Si tu ciclo, por el contrario, es irregular, entonces te vendrá antes o después de lo previsto.

En ocasiones puede que notes que sangras un poco entre reglas. Se llama sangrado intermenstrual y es algo normal.

Es conveniente llevar encima una compresa o un tampón por si te viene inesperadamente la regla. En las siguientes páginas, se da más información sobre los productos higiénicos.

Creo que llevo una compresa por aquí...

LAS COMPRESAS

Muchas chicas prefieren usar compresas en sus primeras reglas. Las compresas se ajustan a las braguitas y absorben la sangre. Se venden en supermercados y droguerías, y en muchos colegios las suelen tener también para emergencias.

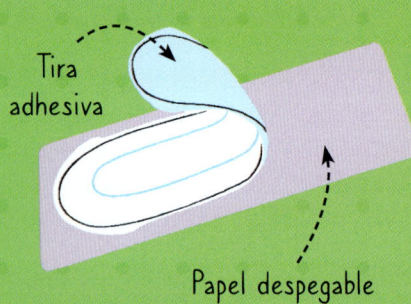

Tira adhesiva

Papel despegable

TIPOS DE COMPRESA

La mayoría de las compresas llevan en el reverso una tira adhesiva con la que se pegan a las braguitas. También las hay con alas: unas solapas que se doblan y se pegan por debajo de las braguitas para que la compresa quede bien sujeta en su sitio.

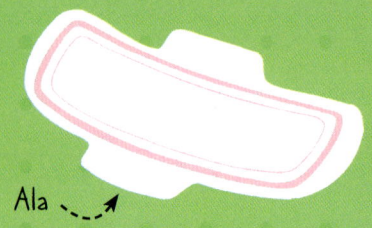

Ala

TAMAÑOS Y GROSORES

Hay compresas de distintos tamaños y grosores. Puede que necesites una más gruesa los primeros días de regla y por la noche, ya que no te cambiarás hasta la mañana.

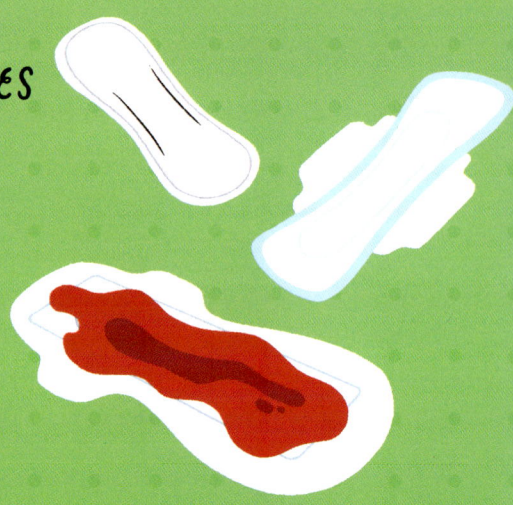

¿CUÁNDO ME CAMBIO?

Muy pronto te acostumbrarás a llevar compresa y sabrás cuándo te toca cambiarte. Durante el día debes hacerlo con frecuencia, no ya por no mancharte la ropa, sino para evitar que se acumulen las bacterias. La sangre menstrual está limpia, pero una vez que sale del cuerpo y entra en contacto con las bacterias del aire, puede empezar a oler.

¿DÓNDE SE TIRAN?

No debes tirar compresas usadas al inodoro. Envuélvelas y tíralas a un cubo de basura. Si las compresas vienen en envoltorios individuales, aprovéchalos para tirarlas a la basura; de lo contrario, mételas en una bolsita biodegradable. Cuando salgas a la calle, lleva alguna por si tienes que cambiarte, aunque en muchos baños públicos hay cubos especiales para estos productos.

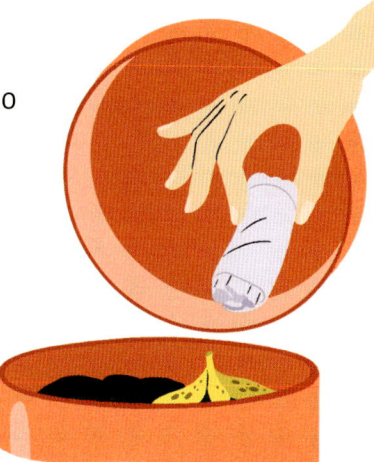

¡NUNCA AL INODORO!

Nunca tires productos de higiene menstrual al inodoro, ya que producen atascos en los bajantes y el plástico que contienen resulta perjudicial para el medioambiente.

LOS TAMPONES

Los tampones son unos rollitos de celulosa u otro material que se meten en la vagina para absorber el flujo menstrual. Una vez dentro, el tampón no se siente. Si lo notas, empújalo un poco más hasta que llegue a una altura donde no te moleste.

TIPOS DE TAMPONES

Hay tampones que incluyen un aplicador para introducirlos en la vagina sin dificultad.

Tampón con aplicador

Presiona aquí.

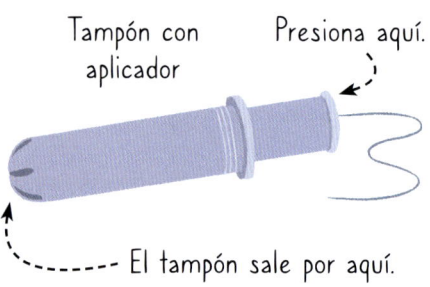

El tampón sale por aquí.

Los hay también sin aplicador, que se colocan empujándolos con el dedo.

Tampón sin aplicador

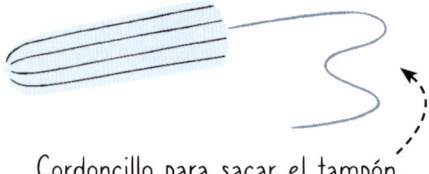

Cordoncillo para sacar el tampón. Se deja colgando por fuera.

Los tampones vienen en diferentes tamaños según la cantidad de flujo menstrual que absorben, no el tamaño de la vagina donde se introducen. Algunas marcas venden cajas con varios tamaños de tampón para los distintos días de la regla.

Tamaño mini para cuando tienes poco flujo

Tamaño normal o regular para flujo moderado

Tamaño súper para flujo abundante

¿CÓMO ME LO PONGO?

Si vas a probar un tampón por primera vez, será mejor que lo hagas cuando tengas un flujo abundante, ya que entrará con más facilidad. Usa el tamaño mini y sigue las instrucciones. Puede que te resulte más fácil ponértelo estando en cuclillas o con un pie encima del retrete. Colocarlo bien requiere práctica, así que no te preocupes en caso de que no lo consigas. Vuelve a probar en otro momento.

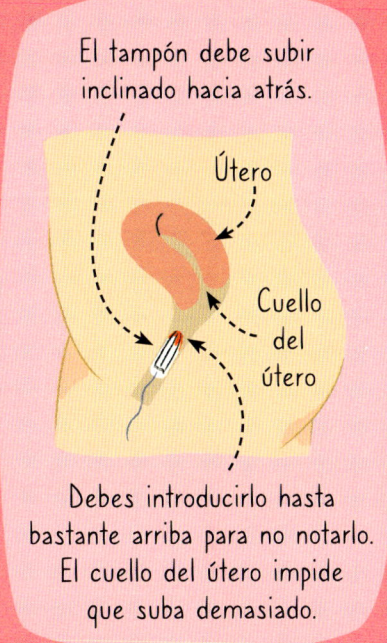

El tampón debe subir inclinado hacia atrás.

Útero

Cuello del útero

Debes introducirlo hasta bastante arriba para no notarlo. El cuello del útero impide que suba demasiado.

¿CUÁNDO ME CAMBIO?

Cámbiate el tampón cada cuatro horas, como mínimo, para garantizar tu comodidad e higiene. Si dejas el tampón dentro mucho tiempo, podría provocar un síndrome del shock tóxico. Se trata de una infección muy poco común, pero conviene que te acostumbres a cambiarte el tampón con frecuencia. Por la noche, puedes usar compresas y así evitas dejarte un tampón puesto demasiado tiempo. Los tampones usados se tiran a la basura y no al inodoro.

LAS BRAGAS MENSTRUALES

Las bragas menstruales son como las bragas normales, pero tienen una capa absorbente que impide que el flujo menstrual te manche la ropa. Se pueden usar y lavar una y otra vez, aunque conviene que tengas varias para poder cambiarte a lo largo del día y durante todo el ciclo menstrual.

Dentro de nada, serás tan alta que podrás tender sin mi ayuda.

Zona absorbente

Las bragas menstruales tienen distintos niveles de absorbencia. Si tu flujo menstrual es abundante, puede que prefieras usarlas junto con una compresa, un tampón o una copa menstrual. Cámbiate las bragas menstruales cada cuatro o cinco horas.

LAS COPAS MENSTRUALES

La copa menstrual es blandita
y flexible, para poder doblarla
e introducirla en la vagina, donde
se queda para recoger la sangre.
Puedes dejarte una copa menstrual
en la vagina hasta ocho horas.

Una vez dentro, no deberías notarla. Al principio puede
que te cueste colocarla correctamente, pero con la práctica
aprenderás a hacerlo. Luego te la sacas y viertes la sangre
en el inodoro. Enjuágala debajo del grifo antes de ponértela
de nuevo. Cuando termine tu ciclo menstrual, lávala a fondo
según las instrucciones que incluya y guárdala.

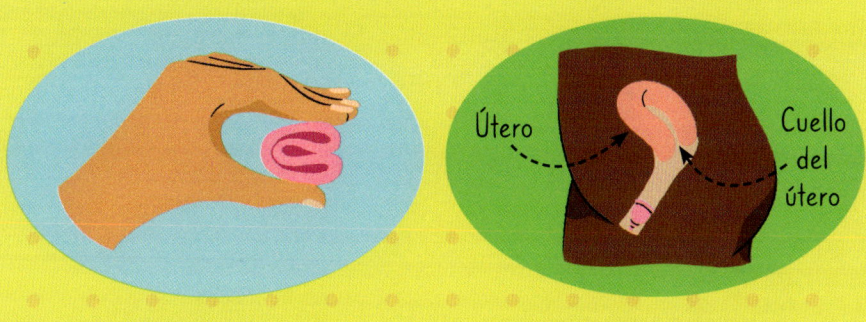

Dóblala por la mitad.

Útero

Cuello
del
útero

Se abre dentro de la vagina.

¿CUÁL ELIJO?

Algunas opciones pueden parecerte complicadas al principio,
pero al ir probando y con un poco de práctica, descubrirás cuál
te gusta más. A lo mejor te ayuda hablarlo con alguna amiga
o una persona adulta.

LA REGLA EN LA VIDA COTIDIANA

La menstruación es algo normal y sano, aunque a veces causa alguna molestia que otra. A medida que te hagas mayor, irás conociendo mejor tu cuerpo y aprenderás formas de hacerla más llevadera.

LOS DOLORES

Puede que al principio de cada regla te duela el vientre, puesto que se tensan los músculos del útero. Hacer ejercicio, darte un baño o una ducha caliente o ponerte una bolsa de agua caliente en el abdomen suele aliviar el dolor. También puede ayudarte tomar un analgésico. Si los dolores menstruales son demasiado intensos y te impiden hacer una vida normal, quizá debas acudir a una consulta médica.

¡SIGO ACTIVA!

También está perfectamente justificado tomarte estos días con más calma y cuidarte mucho. ¡Tu cuerpo está trabajando a tope! Con el tiempo te acostumbrarás a tus reglas y sus peculiaridades, pero en ningún caso deberían impedirte disfrutar de todo lo que te gusta hacer normalmente.

¡SIEMPRE LISTA!

Conviene apuntar el día en que te viene la regla, porque es bastante probable que el mes siguiente la tengas por esas mismas fechas. Con el tiempo, aprenderás a reconocer en tu cuerpo cuándo te va a venir la regla. Si quieres evitar sorpresas, lleva siempre encima algún producto higiénico alrededor de la fecha en que te toca.

Cajita o bolsito para compresas y tampones

LOS CAMBIOS DE HUMOR

Durante la semana anterior a la regla, puede que sufras de síndrome premenstrual. Son molestias como dolor de cabeza o de mamas, cansancio, irritabilidad o mayor sensibilidad de lo habitual. Puede que tengas cambios de humor repentinos sin entender por qué te sientes así.

El cerebro, como el resto del cuerpo, procesa cambios durante la menstruación que pueden afectarte en lo emocional. Con el paso de los días, te irás sintiendo más tranquila. En la página siguiente puedes seguir leyendo sobre las emociones difíciles y sus causas.

LAS HORMONAS

Todas las sensaciones y emociones (como la alegría, el sueño, el hambre, el aburrimiento, etc.) están en parte relacionadas con unos mensajeros químicos, llamados hormonas, que hay en la sangre. Para que la pubertad empiece, tiene que llegar el momento en el que el cerebro decida ordenar la producción de un nuevo tipo de hormonas: las sexuales.

LAS HORMONAS SEXUALES

Cuando el cerebro envía esa señal, otras partes del cuerpo empiezan a producir tres hormonas encargadas de ayudar a que tu cuerpo se desarrolle y crezca de varias maneras.

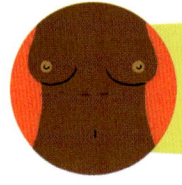 El ESTRÓGENO es una de las hormonas responsables del crecimiento de las mamas.

La PROGESTERONA engrosa la capa del útero llamada endometrio antes de la regla.

 La TESTOSTERONA te aporta energía y mantiene los huesos sanos.

Estas hormonas se combinan para controlar la regla y hacer que siga un ciclo mensual. Los días previos a la menstruación, los niveles hormonales cambian mucho. Mientras te acostumbras a estas nuevas hormonas, y especialmente a los altibajos de sus niveles que se producen todos los meses, es posible que sientas cambios bruscos de humor y de niveles de energía.

CÓMO LLEVAR BIEN ESTOS CAMBIOS

Con los años, las hormonas se irán estabilizando. Mientras tanto, puedes tomar muchas medidas para llevar mejor tanto vaivén emocional. Aquí tienes unas cuantas sugerencias:

DEDÍCATE TIEMPO

Reserva un rato cada día para hacer algo que te guste, ya sea bailar con la música a tope, ver una peli o quedar con amigas.

ESCRIBE

Lleva un diario de cómo te sientes. Puede que escribir te ayude a procesar todas esas emociones.

HABLA CON ALGUIEN

Aunque te apetezca encerrarte en tu habitación (que también está bien), no siempre tienes que resolver las cosas tú sola. Si sientes que estás teniendo dificultades, pide ayuda.

SAL DE CASA

El aire libre y el ejercicio pueden levantarte el ánimo y hacerte sentir mejor y más calmada.

¿QUÉ GÉNERO?

Todo el mundo cambia cuando crece, pero tu apariencia es solo una parte del proceso de transformación. El modo en que te sientes en la cabeza también es importante y tiene que ver con el género, que no es lo mismo que el sexo.

¿Quién soy?

LOS GENITALES

El sexo depende de los órganos sexuales externos con los que naces. La mayoría de la gente es de sexo femenino (cuando tiene vulva) o masculino (cuando tiene pene). Cuando naciste, lo más probable es que la persona que asistiera al parto mirase tus genitales y dijera "es niña" o "es niño", pero eso no es todo.

El género no es lo mismo que el sexo, pues es algo que se siente y no tiene que ver con qué genitales naciste. Puede que te sientas niña, o niño, o ambos.

También es posible que lo que sientes cambie con el tiempo, ya que el género no es algo fijo y puede ir cambiando durante la pubertad.

LAS ETIQUETAS

Hay a quien le resulta útil poner un nombre al modo en que su sexo y género coinciden o no. Si tu género y sexo coinciden, entonces eres *cisgénero*.

Nací con vulva, así que soy de sexo femenino. Además, me siento niña y, por eso, soy cisgénero.

Si tu género no coincide con los genitales con los que naciste, puede que seas una persona *transgénero* o *no binaria*.

Nací con pene, de modo que se me considera de sexo masculino, pero no me siento niño. Mi sexo y género no coinciden.

También hay etiquetas para el sexo. Aproximadamente, una de cada cien personas nace con una mezcla de órganos sexuales femeninos y masculinos. Estas personas se denominan *intersexuales*. Esto normalmente no se percibe a simple vista. Por ejemplo, si tienes órganos femeninos (genitales) por fuera, y masculinos por dentro, puede que no te des cuenta de que eres una persona intersexual hasta que alcances la pubertad. Estas personas suelen empezar la pubertad más tarde y viven unos cambios pero no otros, según las hormonas que produzcan.

LOS ESTEREOTIPOS DE GÉNERO

Muchos adultos tienen ideas fijas sobre lo que diferencia a las niñas de los niños, como las cosas que deberían gustar a las niñas y no a los niños, o cómo deberían comportarse. Son los llamados estereotipos de género y suelen estar bastante equivocados. Aquí tienes unos cuantos clásicos:

Pelo largo

Habla mucho.

Juega con muñecas.

Lleva falda.

Pelo corto

Se pelea.

Juega con coches.

Lleva pantalón.

Hay gente que tiene un aspecto y actúa de un modo acorde con uno de estos dos estereotipos y hay gente que no. Aunque seas capaz de adivinar el sexo de una persona, te será imposible saber de qué género es solo por su apariencia o comportamiento.

YO SERÉ LO QUE QUIERA

Al hacerte mayor, es posible que sientas cierta presión social o familiar para adoptar comportamientos más adultos. Puede que se espere de ti que te portes o tengas una apariencia más próxima al estereotipo de tu sexo.

No es fácil cuando la gente de tu entorno quiere que te vistas o que te portes de forma contraria a tu parecer. Lo cierto es que hay tantas maneras de ser chica o chico que sería absurdo asignarles reglas estrictas. Igualmente, si sientes que tu sexo no concuerda con tu género, eres libre de expresar tu identidad de género como te plazca. Tú eres tú; lo demás, sobra.

Me mola el símbolo de mi camiseta; representa a la gente intersexual.

A mí me gusta mucho el deporte, y a ella, bailar.

¿Y LOS CHICOS?

No creas que la pubertad es un camino de rosas para los chicos. Aunque no sigan un ciclo como las chicas con su menstruación y sus genitales sean diferentes, muchos de los cambios que experimentan son los mismos.

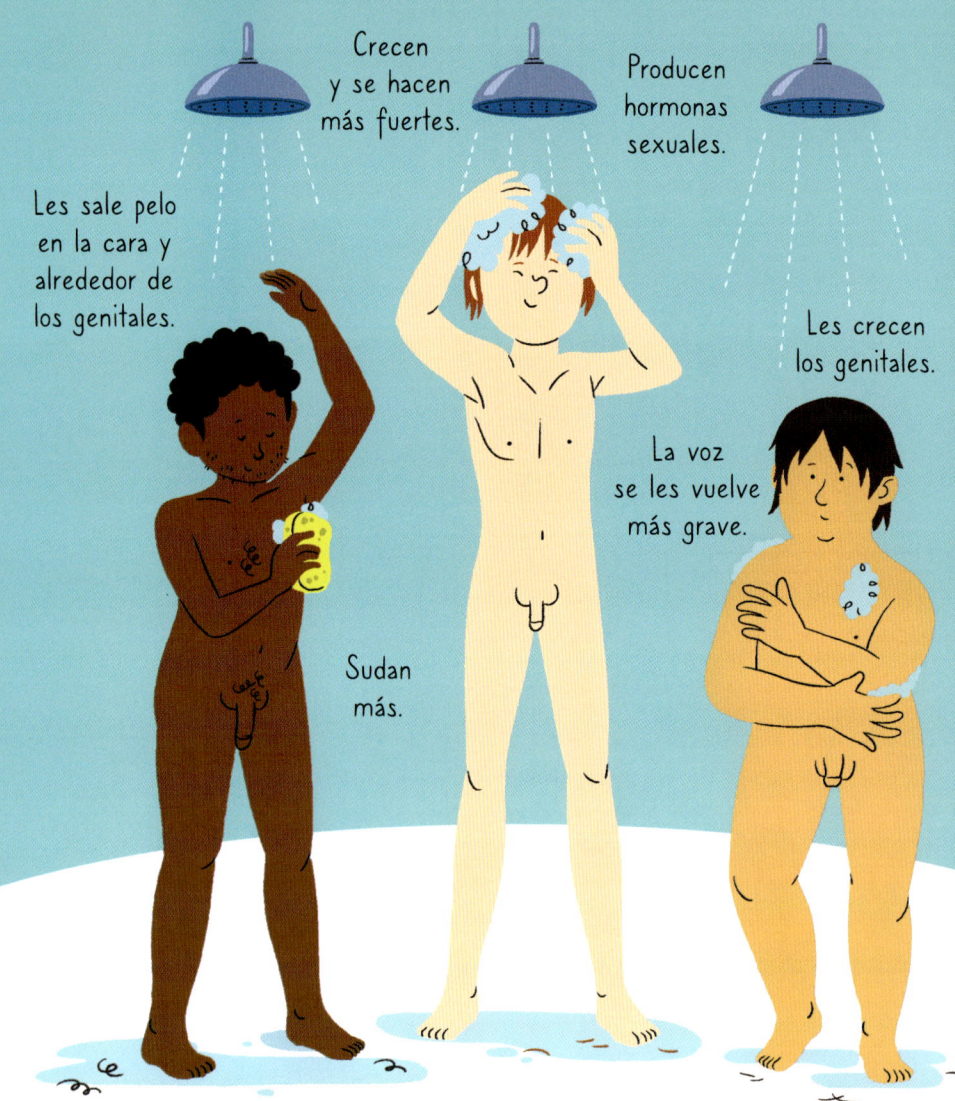

Crecen y se hacen más fuertes.

Producen hormonas sexuales.

Les sale pelo en la cara y alrededor de los genitales.

Les crecen los genitales.

La voz se les vuelve más grave.

Sudan más.

LOS GENITALES

Estos son los nombres científicos de los genitales masculinos:

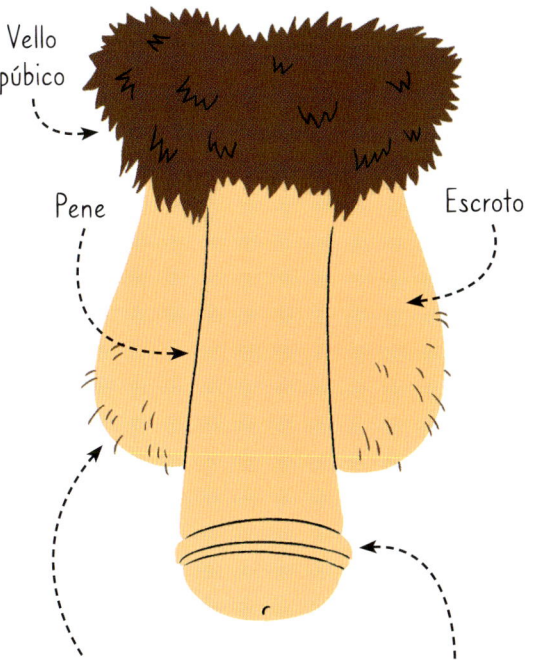

Vello púbico

Pene

Escroto

En el escroto hay dos bolas, llamadas testículos. Dentro de ellos se producen las hormonas sexuales y los espermatozoides.

El prepucio es un pliegue de piel que en ocasiones se elimina por motivos médicos o religiosos en una operación llamada circuncisión.

Los genitales masculinos son de diversas formas y tamaños.

A muchos chicos les preocupa mucho su pene. A veces creen que es demasiado pequeño o que tiene una forma algo rara. Es un órgano muy sensible al tacto y, aunque normalmente cuelga entre las piernas, en ocasiones se endurece, aumenta de tamaño y apunta hacia arriba...

¡A ver si se me baja esto!

LAS ERECCIONES

Cuando el pene se endurece y apunta hacia arriba, se dice que esa persona tiene una erección, que sucede cuando una gran cantidad de sangre fluye al pene.

Si un chico ve a alguien que le gusta o piensa en relaciones sexuales, puede que tenga una erección. De todos modos, muchas veces las erecciones se producen espontáneamente, sin razón aparente.

En público, las erecciones que son visibles y no se pueden ocultar suelen resultar muy embarazosas. Normalmente duran unos minutos, aunque parezca una eternidad.

¡Uf! ¡Otra vez!

Hay penes erectos que apuntan hacia arriba y otros que se tuercen a un lado. Todos son normales.

¿CONOZCO MI CUERPO?

A solas y en privado, hay gente que a veces se acaricia o frota los genitales de un modo que le resulta agradable. Esto recibe el nombre de masturbación y es una manera sana y segura de explorar la sexualidad. Cuando una chica se masturba, especialmente alrededor del clítoris, los labios aumentan un poco de volumen, el clítoris se suele endurecer y podría salirle algo de líquido viscoso por la vagina. Mucha gente se masturba porque tiene un efecto relajante y placentero.

Cualquiera se puede masturbar, aunque no todo el mundo quiere hacerlo. La masturbación puede provocar un orgasmo, una sensación de placer muy fuerte que dura unos segundos. Los chicos suelen eyacular con el orgasmo; es decir, expulsan semen por el pene.

SUEÑOS ERÓTICOS

Puede que tengas un orgasmo si sueñas con sexo mientras duermes, aunque a veces sucede sin sueños eróticos. Es normal que ocurra, sobre todo durante la pubertad, ya que el cuerpo todavía se está adaptando a su nuevo modo de funcionar. Los chicos pueden tener eyaculaciones nocturnas y mancharse el pijama.

LOS ENAMORAMIENTOS

Puede que sucedan otros cambios a medida que te haces mayor. Por ejemplo, es posible que te empiece a gustar alguien, que te apetezca estar a su lado y que quieras gustarle también.

Es perfectamente normal que te emociones o sientas nervios cuando esa persona esté cerca. Estos enamoramientos son parte de lo que llamamos sexualidad, aunque no siempre tienen que ver con el sexo. Hay personas que definen su sexualidad según quién les atrae sexualmente.

BISEXUALES (Bi)
Les atraen personas de más de un género.

HETEROSEXUALES
Chicas que se sienten atraídas por chicos, y chicos que se sienten atraídos por chicas.

PANSEXUALES
Les atraen otras personas, independientemente de cuál sea su género, sexo o sexualidad.

HOMOSEXUALES
Les atraen personas de su mismo sexo o género. Las chicas también se llaman lesbianas, y los chicos, gays.

CURIOSAS O DUDOSAS
Personas que tienen dudas sobre su orientación sexual o que sienten curiosidad por explorar otras sexualidades.

ASEXUALES
No les atrae sexualmente nadie, aunque puede que les atraigan románticamente otras personas.

SALIR DEL ARMARIO

La gente a menudo da por hecho que todo el mundo es heterosexual a menos que diga lo contrario. Las personas que no son heterosexuales no tienen por qué anunciar su orientación sexual, lo que se suele llamar "salir del armario". Cada cual decide con quién quiere compartir esta información.

Hay gente que tiene muy clara cuál es su orientación sexual desde la más tierna infancia, mientras que otra lo va descubriendo con el tiempo. No es algo que se pueda elegir, sino que forma parte de tu personalidad y es lo que hace que seas una persona única e irrepetible.

A medida que te vas haciendo mayor, es normal que quieras saber más sobre tu sexualidad y que fantasees con tocar los genitales de otras personas. Antes de explorar estos sentimientos y deseos con otra persona, debes pedirle su consentimiento. Esto se trata en la página siguiente.

MI CUERPO ES MÍO

Tu cuerpo te pertenece, por tanto nadie tiene derecho a decidir qué haces con él. Antes de que alguien te toque, debe pedirte permiso, o consentimiento.

Cada persona se siente cómoda con unas cosas y no con otras, por eso es muy importante que respetemos siempre los límites de cada cual. Antes de acercarte mucho a otra persona, pídele permiso. Aquí tienes algunos ejemplos:

EL DERECHO A DECIR <u>NO</u>

¡Qué mayor estás! ¡Dame un beso!

Prefiero saludar con la mano.

Vale, yo también.

Siempre que alguien te pida algo, puedes responder con un sí o con un no, y también puedes cambiar de opinión sin dar explicaciones. No es no. Está mal que alguien te presione para que digas que sí o que te haga sentir mal por decir que no. Y si cambias de opinión, tu decisión se debe respetar. Si algo te asusta o te preocupa, dile a esa persona que pare, vete y cuéntaselo a una persona adulta de confianza. Mereces sentirte segura en tu propio cuerpo.

EL SEXO CONSENSUADO

A veces, dos personas se tocan mutuamente los genitales. Esta es una manera diferente, más adulta, de contacto físico. Igualmente, las dos personas deben dar antes su consentimiento. La ley prohíbe tocar los genitales de otra persona sin su permiso, así como forzar a una persona a tocar los genitales de otra. Si esto te sucediera, no debes culparte. Cuéntaselo a una persona adulta. Pasa la página si sientes curiosidad por este tipo de contacto físico más adulto.

¿Qué es el sexo?

41

PERO... ¿QUÉ ES EL SEXO?

El sexo, que también recibe el nombre de relaciones sexuales, es un tipo de actividad durante la cual personas adultas de cualquier género interactúan con sus genitales de un modo que puede llevar a un orgasmo. Hay quien mantiene relaciones sexuales para mostrarse amor y afecto, y quien lo hace por placer.

Creía que el sexo era que el pene se metía en la vagina.

Yo creía que era solo para tener hijos.

Pensaba que consistía en desnudarse para abrazarse y besarse.

El sexo puede ser todas esas cosas, y más.

EL SEXO REPRODUCTIVO

Dos personas también pueden mantener relaciones sexuales porque quieren tener un bebé. Este tipo de sexo implica que un pene se introduce en una vagina y suele suceder así...

En primer lugar, dos personas se besan y se acarician; de este modo sus cuerpos se estimulan en preparación para la penetración. El pene se pone erecto y la vagina se engrosa un poco y segrega un líquido lubricante que facilita que el pene entre. La pareja se mueve de manera que la vulva y la vagina se froten con el pene. Llegado un momento, el pene eyacula semen, donde hay millones de espermatozoides, que son unas células diminutas que ascienden por la vagina. Si se encuentran con un óvulo en una de las trompas de Falopio, uno de los espermatozoides podría unirse a él...

y así comenzaría a formarse el feto, que luego crecería en el útero de la madre.

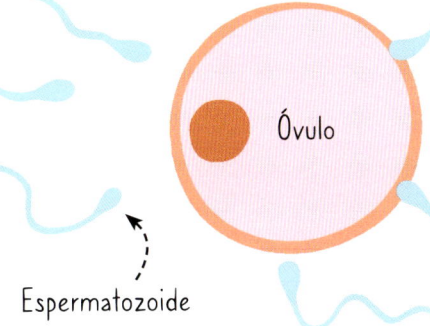

Óvulo

Espermatozoide

NO TODO ES REPRODUCTIVO

La idea de jugar con los genitales de otra persona puede parecerte extraña, pero a muchos adultos les gusta. Uno de los grandes cambios que se experimentan durante la pubertad es que te empiece a apetecer también. En las relaciones entre adultos es algo habitual. En la mayoría de países, la ley prohíbe las relaciones sexuales con menores de 16 años (edad de consentimiento sexual).

SEXO SEGURO

El sexo tiene sus riesgos, como quedarte embarazada sin querer o contagiarte o transmitir una enfermedad. Para practicar el tipo de sexo que puede llevar a un embarazo y evitar que se produzca, se debe usar un método anticonceptivo. Si además se quiere evitar el contagio o la transmisión de enfermedades, se debe utilizar un profiláctico.

Entre ellos, el más habitual es el condón o preservativo. Se trata de una funda fina y elástica que se desenrolla sobre el pene erecto para cubrirlo. Hay otro tipo, que se coloca dentro de la vagina. Ambos atrapan el semen y así evitan que llegue a un óvulo.

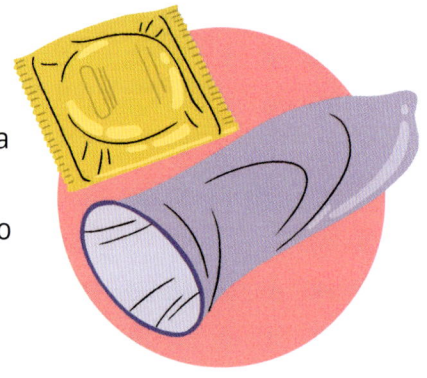

El condón evita los embarazos y el contagio de enfermedades.

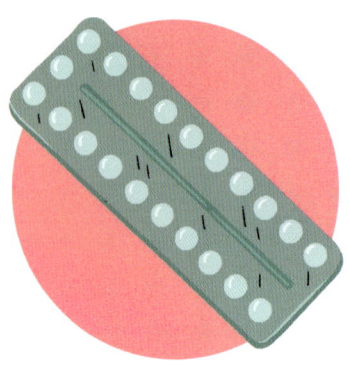

La píldora anticonceptiva

La píldora anticonceptiva es otro método para evitar embarazos. La tiene que recetar un médico o médica. Se toma una vez al día para que los ovarios no expulsen óvulos. En ocasiones, la píldora se receta para el tratamiento del acné o de reglas muy abundantes.

Existen otros métodos anticonceptivos, pero lo que todos tienen en común es que ninguno garantiza por completo que no se vaya a producir un embarazo.

CREENCIAS ERRÓNEAS SOBRE EL SEXO

A medida que te hagas mayor, irás oyendo a más gente hablar de sexo, y es muy probable que algunas de las cosas que oigas no sean ciertas, sobre todo en lo que atañe al sexo seguro. Digan lo que digan, te puedes quedar embarazada...,

aunque sea la primera vez que tengas relaciones sexuales.

aunque el pene salga de la vagina antes de eyacular (marcha atrás).

aunque en ese momento tengas la regla.

aunque todavía no tengas la regla.

aunque el pene no entre del todo en la vagina.

La única forma de practicar sexo seguro es con condón.

LAS INFECCIONES Y CÓMO EVITARLAS

Hay enfermedades que se contagian durante las relaciones sexuales; son las llamadas infecciones de transmisión sexual. Los preservativos o condones son el único método profiláctico (y anticonceptivo) que sirve para prevenir las infecciones de transmisión sexual, ya que actúan como barrera al impedir el contacto entre fluidos durante las relaciones sexuales.

MI VIDA E INTERNET

Internet es una plataforma fantástica para aprender, jugar y conectar con las amigas y los amigos, pero también conlleva ciertos riesgos. Por ejemplo, puede que te sientas inclinada a compararte con la gente que ves y creer que todo el mundo es más guapo que tú o que lleva una vida más interesante que la tuya. La realidad es que no es así. Verás por qué...

La gente solo suele mostrar en las redes la parte más atractiva de su vida. Lo que enseñan no es en absoluto un reflejo realista de cómo es su día a día. Por otra parte, aquello que ves puede que ni siquiera sea real, ya que, aunque resulten convincentes, muchas de las imágenes se han manipulado. El problema es que cuantas más vidas aparentemente emocionantes y socialmente exitosas veas, más sola e insegura podrías acabar sintiéndote.

Si crees que te está pasando algo así, sal de internet un rato y relaciónate con amigas o con tu familia en persona.

LOS TROLES

Hay quien dice cosas horribles por internet; cosas que nunca se atrevería a decir en persona. Eso se llama ciberacoso. Los troles son aquellos que quieren hacer que te enfades o te sientas mal. Aunque te apetezca responder, lo mejor es ignorar esos mensajes y bloquear a quienes los mandan.

LA IMAGEN FÍSICA

Las imágenes de internet, sobre todo las que se han manipulado con filtros, pueden influir en la manera en que te ves a ti misma. Las redes sociales pueden hacerte creer que deberías tener una apariencia determinada y provocarte inseguridades.

La imagen corporal es la representación mental que tenemos de nuestro propio cuerpo. Todo el mundo tiene inseguridades; es algo normal. Lo más sano, sin embargo, es sentirte a gusto con tu cuerpo, en general.

Si alguien se preocupa constantemente por su aspecto físico, esa persona tiene una imagen corporal poco sana. Puede que le cueste mirarse al espejo sin desear que algo fuera diferente. Es posible que incluso adopte hábitos peligrosos, como comer demasiado poco. Si empiezas a sentirte así, o sabes de alguien que está en esta situación, pide ayuda a una persona adulta.

Durante la pubertad el cuerpo experimenta muchos cambios. Los días que te sientas algo insegura, recuerda que los cuerpos perfectos no existen. En nuestro planeta hay miles de millones de personas y todas son únicas. Hay cuerpos de multitud de formas y tamaños, lo cual es fantástico. Además, tu aspecto físico es solo un reflejo parcial de ti... ¡Tú eres MUCHO MÁS!

EL SEXO EN INTERNET

En algún momento, es posible que encuentres vídeos o fotos que representan escenas sexuales. Se trata de pornografía, o porno, un tipo de contenido de entretenimiento y ocio creado SOLAMENTE para personas adultas. Un gran número de personas jóvenes se ven expuestas al porno a través de internet mucho antes de contar con la suficiente madurez para entenderlo.

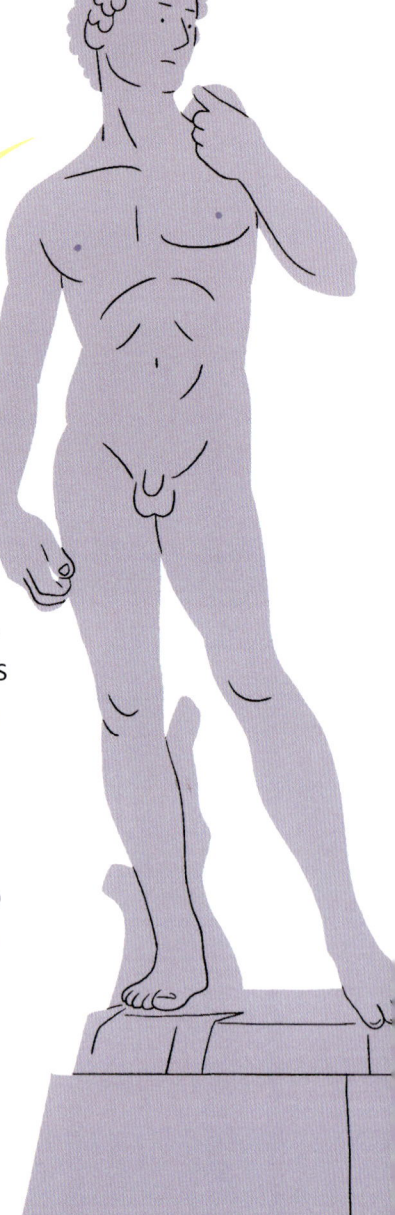

No todas las fotos de desnudos que hay en internet son pornográficas; pueden ser dibujos científicos, cuadros o estatuas griegas como yo.

En la mayoría de los países hay leyes que prohíben el consumo de porno a menores de 18 años (normalmente). En los centros educativos, las empresas y en casa es posible colocar filtros que bloqueen estas páginas de internet, aunque algunas se pueden colar. Ver porno a veces provoca incomodidad, disgusto o miedo. Si hubieras visto algo que te ha generado algún sentimiento abrumador o que te sobrepasa, puede que te sientas mejor si lo hablas con una persona adulta de confianza.

NO TE CREAS TODO LO QUE VES

La mayoría de la pornografía no representa a personas normales ni las relaciones sexuales que suelen tener. Los actores de porno son solo eso, actores, y no están teniendo relaciones sexuales, sino fingiendo tenerlas. Se trata simplemente de una actuación y hacen todo de forma que la cámara pueda grabarlo siguiendo un guión. El porno no tiene nada que ver con el sexo de verdad, por lo que no es un modelo que se deba imitar.

Ver porno no significa que seas rara o mala persona. Es normal sentir curiosidad, pero también es perfectamente normal que no lo hayas visto nunca o que no quieras verlo. Si alguna amiga te enseña porno, es normal sentir vergüenza o no saber cómo reaccionar. Lo mejor es que le pidas que lo apague porque te incomoda o que te vayas a otro sitio.

CUIDO MI CUERPO

Durante la pubertad, necesitas la misma cantidad de comida que una persona adulta, porque estás creciendo muy rápido. Come cuando tengas hambre y recuerda que, si engordas algo, estás almacenando energía para los cambios que se avecinan.

Con una dieta equilibrada recibirás todos los nutrientes que necesitas para estar sana y tener energía para sobrellevar los altibajos propios de la pubertad. Come una combinación de los siguientes alimentos:

HIDRATOS DE CARBONO
(como patatas o arroz)

GRASAS
(como aceite o mantequilla)

PROTEÍNAS
(como pescado o frutos secos)

FRUTA Y VERDURA

También debes beber AGUA en abundancia.

EL DESAYUNO

Procura no saltarte el desayuno. El cuerpo también consume energía mientras duermes, así que es necesario reemplazarla por la mañana. Con un buen desayuno te sentirás mucho más despierta, aumentará tu concentración y funcionarás mejor en todos los sentidos.

LA HIGIENE DENTAL

La mayoría de los dientes adultos salen antes de los 14 años y debes conservarlos durante toda la vida. Si quieres tener dientes y encías sanos, debes cepillarte dos veces al día. Si llevas *brackets*, conviene que uses cepillos interdentales para lavarte bien los dientes y llegar a todos los rincones.

Sostén el cepillo como se ve arriba para lavarte la parte de atrás de los dientes.

EL EJERCICIO FÍSICO

El ejercicio es muy beneficioso para la salud física y mental, facilita un buen sueño y hace que te sientas con más energía. También es bueno para el corazón y los huesos, algo fundamental en esta etapa en la que experimentas tantos cambios físicos.

Intenta hacer ejercicio dos horas y media a la semana como mínimo. Si te parece mucho, puedes repartirlo en sesiones de diez minutos. Si vas andando al colegio o al instituto, eso también cuenta como ejercicio.

Busca algo que te guste. No hace falta que sea cansado; con que se te acelere el ritmo cardiaco durante unos minutos, ya es suficiente.

También es importante que duermas unas 10 horas diarias, que es lo que necesitan el cuerpo y la mente durante la pubertad.

LA HIGIENE

Si bien hay glándulas sudoríparas (que segregan sudor) por el cuerpo entero, están concentradas en dos zonas: las axilas y los genitales. Durante la pubertad empezarás a sudar más, por lo que conviene que te laves al menos esas dos partes del cuerpo a diario.

También debes prestar atención a la ropa. Todo lo que queda pegado a la piel, como bragas, calcetines y camisetas, huele al impregnarse de las bacterias del sudor, así que es aconsejable lavar estas prendas tras cada uso.

LOS GRANOS Y EL ACNÉ

Todos producimos un tipo de aceite natural, el sebo, sin el cual tanto la piel como el pelo se secarían. Sin embargo, los cambios en los niveles hormonales propios de la pubertad suelen aumentar la producción de sebo en gran medida y por eso salen granos de vez en cuando. Recuerda lavarte la cara una vez al día para mantener la piel limpia. Si te salen granos en exceso, acude al médico.

DE DELANTE HACIA DETRÁS

La vagina no se lava por dentro,
ya que se limpia sola perfectamente.
Si lo haces, te podría doler o picar.
La vulva, sin embargo, sí se debe lavar.
Solo hace falta agua tibia, aunque
puedes usar un jabón de higiene
íntima si lo prefieres.

Siempre debes lavarte y secarte
los genitales de delante hacia detrás
para que los gérmenes del ano
no entren en la vagina o el tracto
urinario, lo que podría provocar
una infección.

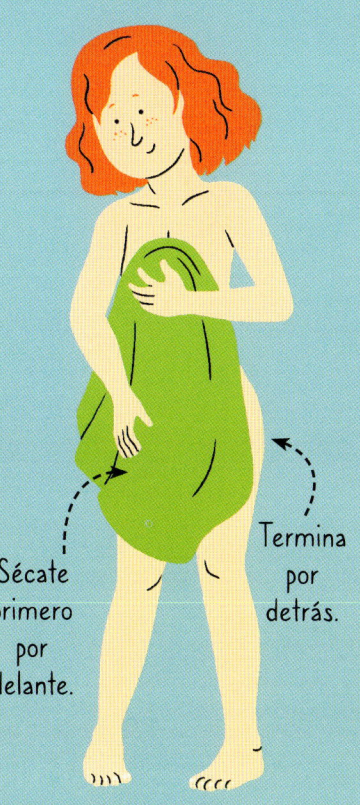

Sécate
primero
por
delante.

Termina
por
detrás.

¿MI FLUJO ES NORMAL?

Puede que veas que te sale un líquido transparente de la vagina.
Se trata de flujo vaginal y su función es actuar como limpiador
de la vagina. Unas veces es más abundante que otras, y puede
cambiar de color, de transparente a blanquecino. Es normal.
Solo se convierte en un problema cuando pica, escuece o huele
mal, que suelen ser señales de la presencia de una infección o
una reacción alérgica, por lo que es preciso que acudas al médico.
Es posible que puedan tratarte sin necesidad de examinarte.

SOY MÁS INDEPENDIENTE

La pubertad marca también el comienzo de tu andadura hacia la independencia. Cuando seas mayor tomarás muchas más decisiones por tu cuenta y asumirás más responsabilidades. Suena genial, ¿verdad? Y lo es, pero no significa que puedas hacer siempre lo que te apetezca. Es importante que aprendas a ser responsable de tus propios actos y a cuidar de ti misma.

LA SEGURIDAD EN INTERNET

Seguro que estás harta de que te digan que tengas cuidado en internet, pero tienen razón. Internet es un recurso fantástico que también conlleva grandes riesgos. Mantén la privacidad de tus cuentas con contraseñas seguras y no compartas tu nombre completo, dirección o colegio. Antes de publicar o enviar una foto, recuerda que no sabes dónde va a acabar. Y más importante aún: nunca te mandes mensajes con desconocidos.

¡HAS GANADO

1 MILLÓN!

Canjea tu premio aquí

Contacto desconocido
Hola, tengo un regalo para ti.
Dame tu dirección y te lo mando.

LAS DROGAS

Las drogas son sustancias químicas que alteran, por lo general durante un tiempo breve, el funcionamiento del cerebro y el resto del cuerpo. Cuando la gente habla de los peligros de las drogas, suele referirse a drogas ilegales, como el éxtasis (pastilla) o la marihuana (hierba que se fuma o se consume en galletas o bizcochos).

Alcohol

Cigarrillos electrónicos (*vaper*)

Óxido nitroso

Sin embargo, hay otras sustancias legales que también son adictivas y peligrosas, como los analgésicos o las bebidas energéticas con mucha cafeína.

La nicotina del tabaco o del *vaper* y el alcohol son drogas adictivas que pueden ser muy perjudiciales para la salud, sobre todo cuando el cuerpo se está desarrollando. Recuerda además que las drogas afectan a cada persona de una manera distinta, por lo que nunca sabes cómo va a reaccionar tu cuerpo.

Hay gente que consume drogas para no sentirse excluida o porque cree que la hace parecer mayor. No te sientas forzada a probarlas por encajar. Tienes derecho a decir no.

MI RED DE APOYO

La familia y el grupo de amistades son buenos lugares donde encontrar apoyo en la complicada tarea de hacerte mayor. También es normal que durante la pubertad estas relaciones, como todo lo demás, pasen a ser un tanto diferentes.

EN CASA

Las discusiones con papás y mamás son comunes a esta edad. Si no estás de acuerdo con sus normas, aunque las hayan impuesto pensando en tu bienestar, es normal que te enfades. Si consigues expresar cómo te sientes de una manera calmada a la gente más cercana a ti, estarás aprendiendo a poner límites sanos. Por ejemplo...

¿Puedes llamar a la puerta antes de entrar, por favor?

Sé que quieres ayudar, pero prefiero resolverlo yo por mi cuenta.

¡FUERA!

NO pasar

Ahora quiero estar un rato sola, si no te importa.

LAS AMIGAS

Es normal que los grupos de amigas también cambien durante la adolescencia porque la gente madura a ritmos diferentes y poco a poco va desarrollando nuevos gustos. Las amistades de verdad son capaces de apreciarte por ti misma. No cambies tu forma de ser solo por adaptarte al grupo.

Puede que a veces creas que los demás te están mirando o que te preocupe lo que piensan de ti. En ciencia, esto recibe el nombre de público imaginario y es algo que experimenta todo el mundo. Si te sientes insegura, recuerda que toda la gente que te rodea quiere ser aceptada por los demás, lo mismo que tú, y que lo más probable es que nadie se esté fijando en tu apariencia.

DE MAYOR SERÉ... ¡YO!

¿A quién te gustaría parecerte de mayor? Piensa en una persona a quien admires mucho, la conozcas personalmente o no. Puede que te motive tenerla de modelo y que te sirva para imaginar qué tipo de persona adulta te gustaría llegar a ser.

Lleva tiempo descubrir quién eres, y no es algo que termine con la pubertad. Tu identidad personal se irá transformando a lo largo de los años, así que no te preocupes, no hay por qué tener todo calculado. Experimenta con ropa diferente, escucha música de varios estilos, haz cosas nuevas y conoce a mucha gente. ¡Disfruta a tope de tu vida!

GLOSARIO

Las palabras en *cursiva* cuentan con su propia definición.

Anticonceptivo Que impide el *embarazo* durante el *sexo*.

Clítoris *Órgano sexual* femenino normalmente sensible al tacto.
La cabeza se ve en el punto de unión de los labios menores de la *vulva*.

Condón o preservativo Método *anticonceptivo* con el que se cubre el *pene* o el interior de la *vagina* para recoger el *semen*. También sirve para evitar el contagio de infecciones de transmisión sexual.

Consentimiento Permiso que una persona otorga a otra para que la toque.

Droga Sustancia a menudo adictiva y peligrosa, en pastilla, polvo, líquido o gas, que altera temporalmente el funcionamiento del cuerpo y la mente.

Embarazo Cuando un *espermatozoide* fertiliza un *óvulo* y un feto empieza a formarse en el *útero*.

Erección Rigidez del *pene* que se produce por un mayor riego de sangre a la zona. El *clítoris* también es un órgano eréctil.

Espermatozoide Célula que se encuentra en grandes cantidades en el *semen* y puede dar lugar a un *embarazo* si se une a un *óvulo*.

Estereotipo de género Idea errónea de que una persona debe portarse o tener una apariencia determinada por razón de su *género* o *sexo*.

Eyaculación Cuando el *semen* sale del *pene*.

Flujo vaginal Líquido viscoso blanquecino que mantiene limpia la *vagina*.

Género Identidad de una persona, como chica, chico o persona no binaria.

Genitales *Órganos sexuales* externos, situados en la entrepierna.

Hormona Mensajera que viaja por la sangre e indica al cuerpo que haga algo, como que empiece a desarrollarse.

Intersexual Persona nacida con una mezcla de *hormonas* y *órganos sexuales* femeninos y masculinos.

Masturbación Estimulación de los *genitales* mediante tocamientos o caricias de modo que puede llegar a producirse un *orgasmo*.

Órgano sexual Parte del cuerpo relacionada con el *sexo* y la reproducción.

Orgasmo Sensación repentina muy placentera que se puede experimentar al estimular los *genitales* y que suele durar unos segundos.

Ovario Cada una de las dos glándulas sexuales femeninas donde se forman, desarrollan y almacenan los *óvulos*, y se producen algunas *hormonas*.

Óvulo Célula producida cada mes en los *ovarios* que sale por la *vagina* durante la *regla*, a menos que se una a un *espermatozoide* y se empiece a desarrollar un feto.

Pene *Órgano* sexual masculino que cuelga entre las piernas.

Píldora anticonceptiva Método *anticonceptivo* en forma de píldora que impide que los *ovarios* expulsen *óvulos*.

Pornografía Vídeos o fotos para adultos donde se representan escenas de personas practicando *sexo* o mostrando sus *genitales*.

Producto higiénico para la menstruación Producto que absorbe el flujo menstrual, como compresas, tampones, copas o bragas menstruales.

Pubertad Fase vital en la que el cuerpo empieza a producir *hormonas* que provocan cambios para el paso de la infancia a la edad adulta.

Regla o menstruación Flujo que sale por la *vagina* durante unos días todos los meses compuesto de un *óvulo* no fecundado, la capa mucosa que recubre el interior del *útero* y algo de sangre.

Semen Líquido viscoso blanquecino que contiene *espermatozoides* y que sale del *pene* durante la *eyaculación*.

Sexo Esta palabra tiene dos posibles significados:

1. Describe a una persona en función de los *órganos sexuales* con los que nació; normalmente femenino, masculino o intersexual.

2. Encuentro entre dos personas que se tocan o acarician los *genitales* de modo que pueden tener un *orgasmo*.

Sexualidad Describe a una persona en función de la gente que le atrae.

Síndrome premenstrual Sensación de malestar físico, tristeza, irritabilidad o ansiedad que puede ocurrir los días previos a la *regla*.

Sueño erótico Sueño que lleva a un *orgasmo* mientras duermes.

Testículo Cada una de las dos glándulas sexuales masculinas, donde se forman los *espermatozoides*.

Útero *Órgano sexual* femenino donde se desarrollan los fetos.

Vagina Conducto por donde salen el *flujo vaginal* y la *regla*.

Vulva *Órgano sexual* femenino visible, situado entre las piernas.

ÍNDICE

AGRADECIMIENTOS

REDACCIÓN: Alex Frith y Jane Chisholm
DISEÑO DE LA CUBIERTA: Anna Gould
DIRECTORA DE DISEÑO: Zoe Wray

ASESORAMIENTO EXPERTO:

Anna Forringer-Beal, Universidad de Cambridge
Dra. Caitríona Cox, Hospital de Addenbrooke
Laura Clarke, educadora sexual

CON LA COLABORACIÓN DE

Alice James, Darran Stobbart, Amy Chiu,
Ashe de Sousa, Stefanie Felsberger

y muchas más personas que han leído el libro
y han contribuido con sus sugerencias a que sea
más inclusivo, informativo y divertido